QUELQUES MOTS

QUATRIÈME DYNASTIE

DÉMOCRATIE NOUVELLE EN FRANCE

QUELQUES MOTS

SUR LA

QUATRIÈME DYNASTIE

ET LA

DÉMOCRATIE NOUVELLE EN FRANCE

Par A. P. Bisson

ANCIEN SOUS-PRÉFET DE RAMBOUILLET

Autorité et Démocratie

PARIS

IMPRIMERIE GUIRAUDET ET JOUAUST

338, RUE SAINT-HONORÉ

1854

QUELQUES MOTS

SUR LA

QUATRIÈME DYNASTIE

ET LA

DÉMOCRATIE NOUVELLE EN FRANCE

Autorité et Démocratie

Le dix-huitième siècle allait finir… ; quelques années encore, et il s'engloutissait dans le gouffre des
âges.

La période de la civilisation qui s'accomplissait
alors en France venait d'enfanter avec un vif éclat la

Liberté et l'Égalité. Un pas immense était franchi.

Mais ce merveilleux progrès s'environna soudain d'écueils redoutables : l'Esprit révolutionnaire, s'élançant au delà des légitimes conquêtes, menaça tout de la destruction et du chaos. Bientôt, sous ses mains sanglantes, la monarchie s'abîma, les autels furent renversés, la propriété violée, la famille compromise. Quelle situation ! Trois dynasties tombèrent avec la tête d'un roi. La patrie se couvrait de ténèbres (1).

Dans cette nuit des intelligences, une Étoile brille à l'horizon : n'est-ce pas la main de Dieu qui vient de la lancer dans l'espace ? En même temps apparaît une figure belle, noble, impérissable. Sur son front inspiré et calme tout à la fois rayonnent la prescience

----

(1) Ecce tenebræ operient terram, et caligo populos.

ISAÏE, LX, 2.

et la destinée fatales. Dans les contours harmonieux de sa bouche sublime sont gravés la fermeté immuable et le dédain magnifique. Quels regards ! ils étincellent des feux réunis de la gloire et du génie. Quel est cet homme ? quel est ce héros ? C'est Bonaparte, ce sera Napoléon ! ! !...

Napoléon ! nom mystérieux et magique, inconnu jusque là dans le langage des hommes. Napoléon ! nom qui semble détaché du sanctuaire silencieux d'un temple consacré à la Fatalité, ou surpris aux ruines les plus glorieuses de l'Italie, aux marbres subjugués de Venise ou aux pyramides vaincues de l'Égypte. Nom symbolique, nom éternel, nom divin !

A l'aspect du guerrier, l'anarchie redouble d'efforts ; mais le bronze tonne, Bonaparte a disséminé la foudre ; la démagogie courbe la tête, et ses hordes dispersées reculent en rugissant. Peu à peu l'ordre renaît, les saintes basiliques se rouvrent, l'encens fume de nouveau sous leurs voûtes harmonieuses, l'humanité respire, la famille et la propriété sont sauvées, l'âme de la patrie tressaille d'espérance, un ciel pur se montre dégagé des sombres nuages, le soleil de Bonaparte a lui....

Combien de fois ses rayons resplendissants n'éclairèrent-ils pas la course triomphante du naissant capitaine à travers les plaines poudreuses du belliqueux empire des Césars, terre vieillie par mille antiques victoires, et rajeunie désormais par mille victoires nouvelles. Surprenantes batailles, lutte gigantesque ! l'Italie est domptée..., mais le vainqueur s'avance toujours, *vires acquirit eundo ;* et déjà, ainsi que Pepin, l'illustre fondateur des souverains français de la 2ᵉ race, le jeune Bonaparte, préludant à la 4ᵉ, va soumettre la plus altière des républiques, la reine des eaux, la superbe Venise, et arbore sur le palais des doges ses drapeaux frémissants.

En vain, surprise et alarmée du rayonnant éclat de cette gloire rapide, l'Envie cherche-t-elle à éloigner le héros et à égarer sa valeur dans les lointains

périls d'une expédition aventureuse. En vain sa main
perfide, le conduisant sous un ciel inconnu, lui ou-
vre-t-elle les déserts sablonneux du muet royaume
des Pharaons et de Sésostris, Bonaparte marche,
combat, et triomphe en rêvant à sa future destinée.
Une visible fatalité l'environne : le héros grandit
d'instants en instants; tout ce que son âme brûlante
possède d'énergie, de vive jeunesse et d'inexprima-
ble ardeur, s'est mêlé à la véhémente impulsion du
Destin ; il pressent l'avenir, cet avenir qui n'a plus
pour lui de voiles; *Tu Marcellus eris !* Nul obstacle
ne pouvait arrêter ses pas.

Quelquefois, dans le silence des nuits, pendant
que son armée dort aux derniers bruits de la victoire,
seul, assis au pied des Pyramides, il prolonge ses
regards sur la voûte azurée et interroge son étoile
dans les profondeurs de l'Orient. Souvent la voix de
son Génie vient murmurer à son oreille de prophéti-
ques et brèves paroles, des mots que lui seul a compris. Bonaparte obéit au Destin, et soudain les rives
de France ont salué son retour. Peu après sonnèrent

les premières heures d'une mémorable journée, et le 9 novembre 1799 parut.

. . . .

. . . .

. . . .

Cependant, après ce 18 brumaire, de mémoire éternelle, de prochaines complications se déclaraient de toutes parts. La société était préservée, il est vrai ; Bonaparte veillait sur elle et la sauvegardait sous son égide invincible. Mais le siècle avait marché ; le prodigieux mouvement démocratique qui s'était opéré depuis 1789 avait créé des besoins nouveaux ; mille intérêts avaient surgi : il fallait, pour ne pas retomber dans l'anarchie, en assurer la conservation, et entrer résolument dans cette période imminente du progrès, dans cette ère nouvelle des temps. C'était une question vitale, la condition suprême d'existence, *to be or not to be.*

Or, comment imprimer à cet état de choses la solidité, la fixité et la durée ? La forme républicaine y était totalement inhabile ; elle-même ne pouvait subsister, d'une façon permanente, dans un pays profondément doué du sentiment monarchique , pays où elle n'avait pénétré que par surprise et dans des jours d'égarement. Et quant à la monarchie ordinaire, depuis long-temps elle n'était plus suffisante ; elle ne l'avait que trop prouvé.

Il était donc indispensable de former une combinaison énergique et puissante qui devînt décisive ; combinaison qui reliât le passé à l'avenir, en conservant l'éclat, moins le privilége ; en admettant le progrès sans l'abus. Ces exigences se trouvaient complètement satisfaites par une monarchie implantée sur le sol de la démocratie.

A cette combinaison sagement radicale il était à propos d'ajouter un titre imprévu, une dénomination éclatante, convenable à la première des nations, et digne du peuple le plus civilisé, comme aussi le plus impatient, le plus mobile et le plus ombrageux de la terre : cette dénomination fut l'Empire.

Enfin, pour élire le chef qui pût diriger et contenir à la fois l'immense et impétueuse démocratie qui s'était formée sous le noble drapeau de la liberté et de l'égalité, n'était-il pas rationnel et parfaitement logique que la société choisît celui qui l'avait sauvée? De tout temps, le suffrage populaire n'a-t-il pas excellé à trouver dans les grands périls sociaux l'homme de qui dépend le salut public (1)? — D'ailleurs, où aurait-on pu rencontrer l'Hercule politique nécessaire à la situation, si ce n'est dans l'armée? Quelle maison princière eût été capable de le fournir? La Révolution pouvait-elle être régularisée et

---

(1) In iis magistratibus est mandandis, quibus salutem suam committi putat.

Cicéron, Pro Plancio.

gouvernée autrement que par un homme nouveau?
Ah! certes, le moment était venu, *ineluctabile fatum*,
fixé par la volonté de Dieu, pour qu'une nouvelle dynastie commençât, avec une phase nouvelle de la civilisation, une succession de monarques légitimes
aptes à comprendre cette société naissante, et assez
forts pour la guider en la disciplinant. Cette nécessité était fatale, providentielle, divine. L'homme
envoyé à la France, l'élu de Dieu, l'Empereur était
sans contredit Napoléon.

D'un autre côté, si l'on veut jeter un coup d'œil
rétrospectif sur l'histoire et vérifier de bonne foi le
principe électif des chefs ou fondateurs des trois premières dynasties en France, que trouve-t-on?

1re *Race, Mérovingiens.* — Pharamond, élu sur
le pavois, roi des Francs, par ses troupes enthou-
siasmées de sa vaillance.

> Le premier qui fut roi fut un soldat heureux :
> Qui sert bien son pays n'a pas besoin d'aïeux.

2e *Race, Carlovingiens.* — Pepin, élu roi par les évêques de France et le pape, en remplacement des derniers princes Mérovingiens, dynastie usée, décrépite, qui n'avait plus la force de porter la couronne (1).

3e *Race, Capétiens.* — Hugues Capet, élu roi par quelques barons et quelques évêques, à cause de ses grandes qualités et malgré son origine incertaine (2).

———————

(1) Burchardus Wirziburgensis episcopus, et Folrabus presbyter Capellanus missi sunt Romam ad Zachariam papam, ut consulerent pontificem de causâ regum, qui illo tempore fuerunt in Franciâ, qui nomen tantum regis, sed nullam potestatem regiam habuerunt; per quos prædictus pontifex mandavit melius esse illum vocari regem, apud quem summa potestatis consisteret, datâque auctoritate suâ jussit *Pippinum* regem constitui.

EINHARDI opera.

(2) Certains auteurs disent plébéienne. — Du reste l'avéne-

Que l'on compare donc ces élections des chefs de nos trois premières races avec celles du fondateur de la 4ᵉ, de la race Napoléonienne, et qui pourrait ensuite méconnaître la certitude de cette mission dynastique, constatée d'abord du côté de Dieu par des signes manifestes, et consacrée plus tard du côté de la nation par l'entraînement le plus général, un assentiment volontaire, réfléchi, universel?... Voici l'avènement de la dynastie Napoléonienne :

4ᵉ race : Napoléoniens. — Napoléon Iᵉʳ, élu empereur, par des millions de soldats, après mille victoires sur tous les champs de bataille de l'Europe; élu par le clergé, après avoir rétabli les autels et le culte pour ainsi dire détruits; élu par tous les corps réguliers du vaste empire qu'il avait fondé dans une organisation

---

ment du fondateur de la 3ᵉ dynastie ne fut confirmé qu'après plusieurs graves contestations.

puissante; et, en dernier lieu, élu par le vote général du peuple assemblé dans ses comices.

Est-ce là une adhésion évidente, incontestable, complète?..... Et que l'on songe bien que ce ne fut point par surprise que Napoléon fut déclaré empereur, ni dans un de ces moments d'enthousiasme passager, refroidis quelquefois par le lendemain. Ici, déroulons les pages brillantes de l'histoire, consultons-les; à cette époque, rien de plus facile, nulles ténèbres, aucune obscurité; tout s'est passé au grand jour et à la face du monde; citer les faits seuls, ce sera louer le héros; et si l'empire lui fut déféré par une acclamation unanime, assurément c'est qu'il fut dévolu, ainsi qu'autrefois Alexandre le Grand prétendit léguer le sien à ses lieutenants, *au plus digne!!*

Si l'on veut examiner les divers précédents, précurseurs de l'empire, qu'avait fait Bonaparte pendant tout l'espace compris entre le 9 novembre

1799 (1) et le 18 mai 1804, jour de la proclamation de l'ère impériale et de l'avènement de la dynastie des Napoléoniens? C'est par de sublimes gradations qu'il arrive successivement au trône! Chaque degré monte et s'élève pompeusement par un nouveau service rendu à la patrie. Le lendemain de brumaire, Bonaparte devient *l'un des trois consuls provisoires* (2); le 24 décembre suivant, il est nommé *premier consul* (3); le dix-neuvième siècle, celui qui s'appellera dans l'avenir *le siècle Napoléonien*, commence, et l'année 1800 resplendit avec d'audacieux prodiges, le passage du mont Saint-Bernard (4), de nouveaux

---

(1) Le 9 novembre 1799, 18 *Brumaire*.

(2) 11 novembre 1799, trois consuls provisoires : Sieyès, Roger Ducos et Bonaparte.

(3) 24 décembre 1799 : Napoléon Bonaparte, 1er consul ; Cambacérès, 2e consul ; Lebrun, 3e consul.

(4) 21 mai 1800.

triomphes, la bataille de Marengo (1), d'admirables
institutions, l'unité politique du pays, et pour que
rien ne manque à la gloire du premier consul, de suprêmes dangers, la machine infernale (2); le 8 mai
1802, un mois après ce fameux concordat (3), qui,
établissant la liberté des cultes, réglait avec une jus-
tice exacte les rapports de l'État et de l'Église, Bonaparte est élu *premier consul pour dix ans ;* le 2 août
de la même année, *premier consul à vie ;* le 18 mai
1804, après avoir, le 21 mars précédent, promulgué
le Code civil, cette expression publique et immuable
de la pensée secrète du dix-neuvième siècle, *l'égalité
devant la loi,* Napoléoon Bonaparte est proclamé
Empereur et déclaré *héréditaire.*

Ainsi, ce trône fut offert aux victoires, à la gran-

---

(1) 14 juin 1800.

(2) 24 décembre 1800, machine infernale de la rue Saint-
Nicaise.

(3) 8 avril 1802, le Concordat.

déur, au génie. Le nom du héros avait pénétré des palais jusqu'aux plus humbles chaumières; il s'était rendu maître absolu de l'opinion et des sentiments publics; et lorsque la France, ravie d'admiration et de reconnaissance, se glorifia de lui décerner le pouvoir souverain, Napoléon se présentait à elle, la tête ceinte d'une couronne de ces fastueux lauriers qui ombragent le berceau de sa dynastie, couronne mille fois plus radieuse et plus belle que l'éclatante couronne impériale.

Napoléon était donc l'homme de la nécessité : tel que Pharamond, Pepin et Hugues Capet, il avait été amené au trône, pour ainsi dire ostensiblement par la main de Dieu. Les temps étaient accomplis : sa race était nécessaire, comme les trois autres races avaient été nécessaires. Mérovingiens, Carlovingiens et Capétiens, dans des siècles divers d'illustration et de gloire, avaient diversement servi la cause du progrès, et avaient été usés et changés tour à tour. Depuis long-temps, à dater de la fin du règne de Louis XIV, la troisième race inclinait à sa décadence.

Les deux branches de la maison de Bourbon, der-
nière expression de la dynastie Capétienne, les d'Or-
léans et les Bourbons même, n'avaient-ils pas sem-
blé concourir à qui abaisserait au plus vite la royau-
té, et la précipiterait vers sa ruine? Une régence cor-
rompue, le règne si long et si énervé de Louis XV,
où cependant quelques éclairs brillent encore dans la
nuit (1), préludèrent simultanément à la chûte épou-
vantable de Louis XVI. En face des idées nouvelles
qui prévalurent dans ce temps de vertus et de cri-
mes, d'enthousiasme et de délire, au moment où de
magnifiques réformes eurent à lutter contre d'abomi-
nables excès, qui pourrait s'étonner que le sceptre
soit tombé de la main affaiblie, impuissante et inhabile des Bourbons, qui n'avaient su ni pressentir ni
diriger leur époque. La lutte insensée et ridicule de
la branche cadette contre la branche aînée, lutte qui

---

(1) La bataille de Fontenoy.

se reproduisit encore plus tard, et toujours d'une manière funeste au pays, contribuait puissamment à aiguillonner et enflammer l'esprit révolutionnaire, de sorte qu'au moment où Bonaparte parut sur la scène politique, le pouvoir était renversé, le principe d'autorité avili, la France expirante, et l'anarchie triomphait.

Ah ! qu'elle devenait indispensable cette race Napoléonienne, qui seule pouvait comprendre l'avenir et préserver la patrie, car la mission des Bourbons était terminée, et la 4e dynastie entrait entièrement dans les futures destinées d'un peuple nouveau, d'une époque et d'une ère nouvelles.

[illegible]

[illegible]

[illegible]

II

II

La dynastie Napoléonienne se lie profondément à
l'élément démocratique, qui, depuis 1789, domine
en France.

Du jour où *l'égalité devant la loi*, proclamée par

la révolution française, fut consacrée par la promulgation du Code civil (1), chef-d'œuvre de Napoléon, l'existence de la démocratie, assurée désormais par cette prévoyance prophétique du génie impérial, devenait légale, absolue et impérissable. Napoléon et la démocratie nouvelle allaient commencer, du même pas et fortifiés l'un par l'autre, ce dix-neuvième siècle, *le Siècle Napoléonien*, âge resplendissant, destiné à être si fécond en merveilles de tout genre ; d'un côté, les ressources prodigieuses d'une vaste démocratie de plus de 35 millions d'hommes, parvenue aux limites suprêmes de la civilisation et avide de découvrir les dernières routes qui peuvent mener à l'illustration et à la gloire ; de l'autre, un guide flamboyant, inspiré, créateur (2) : ici, la France entière avec tous ces nobles penchants, ses valeureux enthou-

- - -

(1) Décrété le 21 mars 1804.

(2) Per diem in columnâ nubis, et per noctem in columnâ ignis ; ut dux esset utroque tempore.   Exode, XIII, 21.

siasmes et son élan irrésistible ; là, un chef calme, sûr et immuable comme le Destin. Certes, une telle alliance, un semblable accord, cette union sublime de la nation et du souverain, de l'empereur et du peuple, la démocratie impériale en un mot, devait enfanter des prodiges. L'histoire les a recueillis dans des pages de feu.

Il vint un jour cependant, jour néfaste, où Napoléon et la démocratie furent contraints de se séparer. Napoléon alla mourir, victime de son opiniâtreté pour la grandeur de la France, sur un rocher solitaire ; tandis que la démocratie poursuivait invinciblement son cours à travers les monarchies languissantes de trois rois (1), indifférents à son égard, impuissants à l'accepter, impuissants à la détruire. Pendant ces tristes luttes, le héros expirait lentement sur une plage désastreuse ; maintes fois ses intrépides regards

____

(1) Louis XVIII, Charles X et Louis-Philippe.

avaient mesuré l'immensité des flots qui le retenaient
captif loin de cette terre de France qu'il avait tant
aimée ; et si la sérénité se peignit enfin céleste et
rayonnante sur son front expirant, c'est que son âme,
déjà détachée des liens visibles de ce monde, péné-
trait dans les secrets de l'avenir. Napoléon mourant
savait que son corps allait être renfermé dans une
tombe, mais que son nom irait parcourir et remplir
tout l'univers. Son existence terrestre était finie ;
mais l'œuvre de son génie devait être immortelle,
car il avait fondé un empire démocratique, sa main
audacieuse avait élevé une monarchie sur le sol populaire. Dans l'avenir une heure sonnerait, répara-
trice et vengeresse ! cette démocratie française que
lui seule avait comprise et dont sa volonté puissante
avait fixé les ressorts et éternisé la vie, ce peuple s'é-
lancerait au delà des mers pour réclamer les restes
glacés de sa dépouille mortelle... un jour, il invo-
querait sa cendre ! !...

Napoléon mourait, glorieusement enveloppé de
son manteau de guerre, et transfiguré par l'auréole

soudaine de son immortalité : il périssait comme tous les héros, bienfaiteurs ou premiers chefs des grandes races du genre humain, martyr de son génie et martyr de sa gloire ; il succombait comme le fondateur de la ville éternelle, le grand Romulus, dont les sénateurs firent un dieu auprès du peuple, après l'avoir lâchement assassiné... ; plus heureux toutefois que Romulus, Napoléon ne devait son trépas qu'aux mains des ennemis.

Le héros expiré, un voile de deuil obscurcissant l'azur des mers vint s'étendre sur la patrie ; tous les cœurs gémirent, et que de larmes furent répandues ! Bien des années s'écoulèrent entre mille espérances et mille déceptions. La patrie souffrit amèrement ; dans ses interminables maux, le sang de l'empereur devenait son unique consolation et son suprême espoir...

Enfin, s'indignant d'être si long-temps entravé dans son cours, le fleuve est remonté vers sa source, pour se retremper aux eaux vives de ses premiers

flots ; la démocratie a tendu les bras vers cette branche Napoléonienne, protectrice de son berceau, qui
seule pouvait lui rendre encore sa première énergie
et ses premiers triomphes. Maintenant elle s'avance
radieusement vers l'avenir. La quatrième dynastie,
marchant à sa tête et entraînant les générations futures, la guidera dans toutes les phases successives du
progrès et de la civilisation. Héritière du plus grand
nom des temps modernes, la race de Napoléon ne
faillira pas à sa mission divine. Ce beau trône, qui a
pour bases l'*égalité devant la loi* et le *suffrage universel*, ce magnifique empire, qui d'ailleurs oserait le lui
disputer? Elle seule a pu affronter victorieusement
l'élection populaire ; et, en même temps aussi, l'hé-
rédité de la gloire n'est-elle pas la plus sainte héré-
dité?....

FIN.